Ein Buch über Suppenliebe, Heimatliebe
und Menschenliebe

Ein Wort vorab

*Vor einigen Jahren hatte ich eine Vision.
Es sollte eine Suppenbar in Cottbus geben, mit gutem Essen, freundlich serviert in nettem Ambiente.*

*Von dieser Idee war ich so begeistert, daß ich mein ausgeprägtes Sicherheitsbedürfnis und diverse Versagensängste ins Unterbewußtsein verdrängte und an die Realisierung ging.
Nun gibt es meine Suppenbar schon 10 Jahre. Da macht man sich so seine Gedanken, wie alles begann und warum und wie hat es sich entwickelt.*

*In der Urzeit wurden ja die Männer zu Jägern und die Frauen zu Sammlern, was größtenteils heute auch noch ausgeprägt ist, bei mir jedenfalls.
Ich bin leidenschaftliche Aus-der-Natur-raus-Sammlerin und -Pflückerin.
Alles was wächst und irgendwie verwendet werden kann, weckt mein Interesse und erfreut mich. Früchte, Beeren, Kräuter, Blumen, Pilze, ich spür sie alle auf.
So bin ich ständig gezwungen, kreativ zu sein, und in meiner Suppenbar kann ich mich diesbezüglich so richtig ausprobieren.*

Aber die eigentliche Inspiration und Suppenliebe habe ich aus Horno geschöpft, meinem Heimatdorf, wo ich 18 Jahre gewohnt habe und danach ständiger Besucher war.

Darüber hab ich dieses Büchlein geschrieben, mit Rezepten und Suppenbeschreibungen, die sich aus dieser Zeit entwickelt haben und unter Verwendung von Zutaten aus Wald, Feld, Hof und Garten.

Die Rezepte haben keine konkreten Maßangaben. Sie sollen nur Anregung sein und jeder kann nach eigenem Geschmack und Bedarf kreativ sein.

Horno
Rogow
Landkreis Spree-Neiße

Ich bin in Horno aufgewachsen, einem wunderschönen alten Dorf, auf einer kleinen Bergkuppe zwischen Guben und Forst in der Niederlausitz gelegen. Ein paar Kilometer weiter unterhalb des Hornoer Berges floss die Neiße als Grenzfluss zu Polen.

Bei der Erschaffung der Welt stolperte Gott oder wer auch immer, wohl über den Hornoer Berg, und aus seinem Füllhorn ergoß es sich besonders reichlich auf diesen Flecken Erde.

Ja, Horno war ein reiches Dorf. Reich an Bäumen, bunten Gärten und Feldern, Traditionen und Gemeinschaftssinn. Die langgezogene Dorfstraße war von stattlichen Linden und alten Eichen gesäumt. Es gab einen Bäcker, einen Konsum, eine Kneipe, die Feuerwehr, einen Spielmannszug, den Männerchor, den Kindergarten, vier Dorfteiche ..., eine Zeit lang sogar ein Kino.

In der Mitte des Dorfes stand die Kirche, schon weithin sichtbar. Egal von welcher Seite man sich dem Dorf näherte, zuerst war die Kirchturmspitze zu sehen und man wußte, man ist zu Hause.
Die Dorfteiche waren von dicken Trauerweiden umsäumt und mit einer grünen Schicht Entengrütze bewachsen. Manch einer kam mit Eimer und Harke, um die Entengrütze für das heimische Federvieh zu ernten. Sie soll eine ganz besondere Delikatesse für Enten und Gänse gewesen sein. Liebevoll wurden diese aufgezogen und gemästet, um dann im Herbst zur Kirmes oder als Sonntagsbraten aufgetischt zu werden.

Horno war der letzte nordöstliche Ausläufer sorbisch-wendischen Brauchtums. Wir feierten Fastnacht und Kirmes, saßen am Osterfeuer und tanzten in den Mai.

Wie gesagt, Horno war ein reiches Dorf, an der Erdoberfläche, darunter leider auch, da lag das braune Gold, die Kohle. Nicht sehr viel, trotzdem weckte es die Begehrlichkeit der Tagebaubetreiber.

2004 wurde Horno abgebaggert.

Es ist nicht untergegangen wie Veneta, es ist für immer von der Welt verschwunden.

Es bleiben die Erinnerungen der Kindheit und Jugend, die schönste Zeit des Lebens am schönsten Ort.

Das Dorf

Abgeschiedenheit, Hühnergegacker, Gemütlichkeit
das Dorf

sandige Wege, Obstbäume, Hundegebell
das Dorf

gemütliche Sitzbänke, Ruhe, nichts los
im Dorf

wie weit ist es bis zur nächsten Stadt
vom Dorf

wie oft fährt der Bus in die Stadt
vom Dorf

wir wollen nicht weg
vom Dorf

Heimat ist immer Sehnsucht nach der Kindheit.
(Heinrich Böll)

Zu Hause

Das zu Hause von Fam. Lubig

Wir wohnten am Dorfende, umgeben von großen Gärten und Feldern und mit freiem Blick auf die Straße von Guben nach Forst mit ihren vielen Kirschbäumen.

Der große Hof war, wie auf dem Dorf üblich, eingefasst von alten Stallgebäuden, in denen früher Kühe standen, darüber der Heuboden, daneben die Scheune, Schuppen, Garten ... alle Herrlichkeit einer ehemaligen Bauernwirtschaft und viel Platz zum Spielen und Erforschen.

Es war immer viel Trubel zu Hause, kein Wunder bei 6 Kindern. Und wo viele sind, kommen noch mehr dazu, jeder brachte noch Freunde und Spielgefährten mit. Unsere Eltern hatten alle Hände voll zu tun, uns zu versorgen. Und das machten sie super!

Mutti war eine gefragte Köchin, kochte im Kindergarten und bei großen Festen.
Unser Vater baute als Maurer mehr als nur unser Haus.

Nebenbei war er noch Feuerwehrmann und vor allem Jäger. (Wann hat er eigentlich geschlafen?)

Morgens gab es oft Mehlsuppe, die aßen wir alle gern, am liebsten mit viel Klümpchen. Sie wurde aus Milch, Mehl, etwas Salz und Zucker zubereitet. Für die heutige bewußte Ernährung nicht täglich zu empfehlen, aber über so etwas machten wir uns damals noch keine Gedanken.
Außerdem waren wir ständig in Bewegung, der Fernseher war nur abends an und für uns Kinder nur zu besonderen Sendungen.

Am Wochenende wurde gekocht und gebacken. Herrlich wenn der Duft des frisch gebackenen Kuchens durchs Haus strömte. Kuchen musste sein, meist zwei Bleche oder Berge von Plinsen oder Schüsseln voller Quarkspitzen.

Die Sonntage waren immer etwas Besonderes. Wir zogen unsere guten Sachen an, dazu weiße Kniestrümpfe, und spazierten durchs Dorf. Mutti bereitete den Sonntagsbraten. Schon früh um neun brutzelte das Fleisch in der großen Bratpfanne, damit es um halb zwölf fertig ist. Dann tönte Mutti's Ruf durch Haus und Hof „Essen kommen!" Wir saßen alle gemeinsam am Küchentisch, bei acht Personen gar nicht so oft möglich. Aus dem Radio tönte Blasmusik. Wir ertrugen die Musik und ließen uns das Essen schmecken.
Noch heute stellt sich Sonntagmittag bei Bratenduft und Blasmusik aus fremden Fenstern dieses heimelige Gefühl ein.

Wir waren nicht nur eine kinderreiche Familie, sondern hatten auch noch vier Großeltern.
Die Eltern meines Vaters wohnten drei Dörfer weiter in Mulknitz. Dort verbrachten wir unsere Ferien. Von ihnen wird noch die Rede sein.

Die Eltern meiner Mutter wohnten mit bei uns auf dem Hof. Opa war ein wortkarger schmächtiger Mann, der sich hauptsächlich um die Feldarbeit kümmerte. Er konnte noch Strohpuppen machen und harkte das Heu zu gleichmäßigen Haufen. Seelenruhig und scheinbar stundenlang saß er unterm Nußbaum und klopfte die Sense und schärfte sie mit dem Wetzstein.

Oma war auch eine „Sammlerin" und an vielem interessiert. Sie kochte alles auf der alten Kochmaschine und ihr Essen schmeckte immer ein bischen rauchig. Ganz früher machte sie noch eigene Butter im Butterfaß.

Hof mit Scheune

Kinderspiele

Langeweile gab es eigentlich nie. Irgendjemand fiel immer etwas ein.
Wir spielten mit Begeisterung Völkerball, Felderhopse und Gummihopse, Fangen, Verstecken, übten uns im Heuhaufen-Hürdenlauf und Apfel-Weitwurf und vieles mehr.

In den Neißeniederungen gab es ein kleines Gewässer, Ladewigs Lache genannt. Es gehörte Vorfahren unserer Oma. So fühlten auch wir uns als stolze Besitzer dieses kleinen Tümpels und hielten uns dort gern auf. Meist um zu Angeln, mit Stock, Schnur und Federkiel-Pose, alles selbstgebaut.

Im Winter schlitterten wir in endlosem Hin und Her so lange auf dem Schnee, bis er eine Eisschicht hatte, auf der wir dann Schlittschuhlaufen übten. Dann ging's mit dem neu erworbenen Können auf den Dorfteich, wo wir trotz primitiver Schraubschlittschuhe sogar das Übersetzen schafften. Die Jungs tummelten sich mit selbstgebauten Schlägern beim Eishockey und brachten es dort zu erstaunlicher Geschicklichkeit.

Rennfahrersuppe

Auch in unserer Schule in Groß Gastrose wurde Sport ganz groß geschrieben.
Wir trainierten für die Spartakiade und nahmen an der „kleinen Friedensfahrt" teil.

Der spätere Weltmeister im Zeitfahren, Lothar Thoms, fuhr hier sozusagen seine ersten Wettbewerbe.

Ja und in der Schulküche gab es „Rennfahrersuppe", eine Schokopuddingsuppe, dazu Butterbrote. Ein Energiespender für die quirligen Schüler, die Lehrer bekamen an diesem Tag was extra gekocht.

Diese süße Suppe gibt es jetzt immer montags in der Suppenbar. Gekocht wird sie wie ein normaler Pudding unter Verwendung von etwas mehr Milch und Zucker nach eigenem Geschmack. Wichtig bei süßen Suppen ist immer eine gute Prise Salz. Sie kräftigt und unterstreicht den süßen Charakter.
In der Weihnachts- und Winterzeit wird sie mit Kardamon, Zimt und Mandeln verfeinert und schmeckt unwiderstehlich gut.

Betreuen mussten unsere Eltern uns nicht, beschäftigt haben wir uns meist selbst, aber eine wirkungsvolle Hilfe waren wir ihnen wohl leider auch nicht.
Zum Beispiel Aktion Zaun streichen. Ehe mein Vater den Letzten mit Pinsel, Farbe und Verdünnung versorgt und eingewiesen hatte, hatte der Erste schon keine Lust mehr (oder etwas anderes Wichtiges zu tun).
Letztlich schaffte er manchmal mehr, wenn er es selbst machte.

viel Zaun mußte gestrichen werden

Der Zuckernuckel

Es gab wenig Urlaub für die Beiden, ab und zu mal ein Jäger- oder Feuerwehrball. Einmal gönnten sie sich also einen Tanzabend in der Dorfgaststätte.
Eltern raus, sechs Kinder allein zu Haus.
Unsere Jüngste war gerade ein Jahr alt und machte nachts immer noch Rabatz. Wir schliefen nebenan, versuchten es

jedenfalls. Immer wieder musste jemand rüber gehen um das Kind zu beruhigen.

Und dafür gab es ein geheimes Mittelchen, den Zuckernuckel. Der Nuckel wird ein bischen in die Zuckerdose getaucht, das Baby lutscht Süßes und ist erst mal zufrieden. Wir wussten alle von dem geheimen Mittelchen und wandten es jeder insgeheim an.
Das gierige Baby hat die Situation ausgenutzt und sich mehrere Zuckernuckel „erschrien". Später hat es dann vor Durst geschrien. Aber das wussten wir damals leider nicht.

Durst

Mit Essen waren wir immer gut versorgt. Um die Getränke mußten wir uns später meist selber kümmern. Die damaligen kleinen 0,3 l-Brauseflaschen wurden in großen Ledertaschen herangeschleppt und waren bei so vielen Leuten schnell ausgetrunken.
Später gab es Verdünnungssaft (Sirup) in verschiedenen Sorten im Konsum zu kaufen. Sehr gut schmeckten uns Orange, Zitrone, Himbeere und, besonders beliebt, Cola.

Wenn wir am Wochenende „Tanzen" waren, stellte sich besonders großer und akuter Durst ein.
So geschah es, daß meine Geschwister zu Saft-Vampiren mutierten. Sie schlichen sich in den Keller und „saugten" die Kompottgläser aus. Um diese Tat zu verschleiern, ließen sie die Gläser mit den trockengelegten Früchten einfach unauffällig im dunklen Keller stehen. Meine Mutter erlebte so manche böse Überraschung.

Frühling in unserem Garten

Heute mach ich mir meinen „Verdünnungssaft" selbst.
Aus Holunderblüten wird ein Holunderblütensirup und dieser zu köstlich erfrischender Holunderblütenlimonade, indem er mit Wasser und Mineralwasser aufgegossen wird, dazu Zitronenscheiben.

Holunderblütensirup

In ein großes Glas werden so viele vollreife Holunderblütendolden (mit viel Blütenstaub) gepresst wie rein passen und vollkommen mit Wasser bedeckt. Das Glas 24 Stunden an einen warmen Ort stellen, am besten in die Sonne. Dann die Flüssigkeit abgießen (dabei die Blüten gut ausdrücken) und pro Liter Saft 1,25 Kg Zucker und 20 g Zitronensäure zufügen.
Die Flüssigkeit weitere 3 Tage in Gläsern in die Sonne stellen und ab und zu umrühren. Der Sirup ist jetzt fertig und kann abgefüllt werden.
Dieses Rezept ist etwas aufwendig, aber so habe ich meinen Holunderblütensirup immer hergestellt und er ist gut gelungen.

Eiergräupchensuppe

Eine Lieblingssuppe unserer Familie waren „Eiergräupchen". Sie wurde meist aus Enten- oder Gänseklein gekocht, mit sehr viel Suppengrün. Aus Eiern, Mehl und Salz wurden ein grober Teig hergestellt und langsam in die kochende Brühe gegossen. Durch vorsichtiges Verrühren entstanden dicke Klümpchen, die „Eiergräupchen", eine Art Hornoer Nudel sozusagen. Meine Mutter rührte in die fertige Suppe noch zusätzlich Eier ein.

Unser Hausschwein

Wie die meisten Hornoer hatten wir das übliche Kleingetier, wie Hühner, Enten, Gänse, Kaninchen, Hund und Katze, auf dem Hof. Aber einmal auch ein Schwein.
Es hieß Gerald.
Mein Vater war erfahren im Umgang mit Wildschweinen, denen stellte er sich wohlweislich mit dem Jagdgewehr entgegen.
Bei unserem Hausschwein war er mutig und wollte Gerald unbewaffnet jagen, als der aus seinem Stall entwichen war und unseren schönen Hof verwüstete. Den Kampf Hausherr gegen Hausschwein bezahlte mein Vater mit dem Verlust von zwei Schneidezähnen.
Was da wirklich passiert ist, haben wir nie erfahren.

schöner Hof (mit Besuch)

Wildsuppe mit Waldpilzen und Thymianklößchen

Wie gesagt, mein Vater war und ist Jäger und das sehr erfolgreich. Unser ganzes Haus war voller Trophäen. Seine vielen Jagdabenteuer gehörten zu unserem Alltag.
Er bescherte uns so manch leckeren Sonntagsbraten, aber meine Wildsuppe ist auch sehr zu empfehlen.
Für die Suppe werden Zwiebeln angeschmort, dazu Wildfleisch, Möhrenwürfel, Selleriewürfel und etwas Lauch, alles noch etwas weiter anschmoren, mit Wasser auffüllen, mit Lorbeerblatt, Pfefferkörnern, Nelken, Wacholder, Salz, Pfeffer und Thymian würzen und kochen.
Die Suppe mit einer dunklen Einbrenne leicht binden und mit Rotwein und Kirschsaft oder Preiselbeeren sowie nochmals Salz und Pfeffer kräftig abschmecken. Als besondere Einlage kann man kleine Klößchen aus Mehl, Eiern, Salz und frischen Thymianblättchen hinzufügen. Frische Waldpilze machen die Suppe komplett.

Pilze sammeln

Hinter Horno in Richtung Jänschwalde erstreckte sich ein riesiges Waldgebiet. Dort sammelten wir Pilze, vorwiegend Maronen, Steinpilze und Pfifferlinge.

Nicht nur, daß Pilze köstlich schmecken, schon das Sammeln macht viel Spaß. Man wandert über moosweichen Waldboden, die Sonnenstrahlen dringen nur vereinzelt durch die Bäume, herrlich!
An einem schönen Herbsttag machten wir uns fertig, um in die Pilze zu fahren.

Wir waren schon zu viert und unsere Hornoer Oma wollte plötzlich unbedingt auch noch mit. Zu viele Leute im Wald macht nicht so viel Spaß, man muß ständig jemanden suchen und warten.
Oma hat sich aber nicht abschütteln lassen und war trotz fortgeschrittenen Alters wieselflink ins Auto gestiegen, und da saß sie dann.

Nun gut, im Wald angekommen erstmal alle aussteigen, Körbe fassen, Abfahrt und Suchrichtung absprechen.
Während wir noch „absprachen" war Oma ganz schnell in einer dichten Schonung verschwunden, wir sahen gerade noch einen Zipfel ihrer Schürze, dann schlossen sich die Zweige hinter ihr, sie war wie vom Wald verschluckt, ohne die Abfahrtzeit zu wissen.

Süß-saure Pilzsuppe

Für diese Suppe Fleisch, am besten Rauchfleisch, mit Lorbeer, Gewürzkörnern und Salz gar kochen, Fleisch aus der Brühe nehmen und klein schneiden.
In der Brühe gewürfelte Kartoffeln kochen, zwischendurch Pilze mit Zwiebeln anschmoren und zu den Kartoffeln tun.
In der Pilzpfanne aus restlichem Fett und Mehl eine Einbrenne herstellen, ablöschen und in die Suppe gießen, nochmals aufkochen, salzen, pfeffern und mit Essig und Zucker süß-sauer abschmecken, mit Sahne verfeinern und mit Petersilie servieren.
Diese Suppe schmeckt auch ohne Fleisch gut, dann bitte etwas Gemüsebrühe zugießen.

Froschpilz, gefunden von Andreas Lubig

Hornoer Kulturleben

Eingang Friedhof

Sportplatz

In Horno gab es ein reges Kulturleben. Hinter dem Dorf war der Sportplatz. Von hohen Pappeln würdig umsäumt und mit einer kleinen feinen Bühne wurde er zum Festplatz. Dort wurde so manches Dorf-, Sport, Sänger- und Feuerwehrfest gefeiert oder einfach nur gespielt. Männerchor und Spielmannszug waren weithin bekannt und unsere Feuerwehr in den Nachbardörfern gefürchtet, weil sie bei Wettbewerben meist die vorderen Plätze belegte.

Leider blieb ich ohne Kulturbeitrag. Bis auf ein kurzes Intermezzo beim Spielmannszug. Dort versuchte man mir die Flötentöne beizubringen, ohne Erfolg.
Na ja, und Männerchor schloß sich sowieso aus, die Feuerwehr wurde erst nach meiner Horno-Zeit von den Frauen erobert und die Jagdgruppe war innerfamiliär schon bestens besetzt.

Nun gut, jeder soll machen was er gut kann und was ihm Spaß macht, ich mach Suppe.

Osterfeuer

Eine schöne Tradition waren auch die Osterfeuer. Anfangs waren sie speziell der Jugend vorbehalten, jetzt wärmt sich das ganze Dorfvolk am Feuer.
Man musste schon ziemlich viel „Osterwasser" trinken, um die kalten Nächte durchzuhalten.
Einmal gelang das mir und meiner Schwester besonders gut mit dem berühmt berüchtigten Grubenfusel, einem hochprozentiges Getränk mit starker Wirkung.
Wir hüteten das Feuer die ganze Nacht, bis es bloß noch qualmte. Meiner Schwester standen die Locken wie Drahtspiralen vom Kopf ab, und sie hatte viele Locken.
Als wir nach Hause kamen und kichernd unsere rußverschmierten Gesichter zur Küchentür hereinsteckten, saßen unsere Eltern bereits am Frühstückstisch. Sie fanden das gar nicht zum Lachen.
Oh je, was haben sie für Nerven bei uns sechs gelassen!

Fam. Lubig Anfang der 90er Jahre

Fastnacht

Das größte kulturelle Ereignis war die Fastnacht. Sie wurde bei uns schon Ende Januar gefeiert. Samstagabend war Tanz und Sonntag wurde gezampert. Ein Kraftakt an Durchhaltevermögen, der mit ganz viel Spaß belohnt wurde.

Besonders gern erinnere ich mich ans Zampern.

Wir zogen verkleidet von Haus zu Haus und wurden überall bewirtet. Dafür gab es für die Haus-Herren und Haus-Frauen ein Ständchen, ein Tänzchen und ein Schnäpschen.

Man freute sich manchmal ein Jahr lang auf die Spezialitäten der verschiedenen Häuser. So gab es nur bei meiner Mutter Kakao, bei anderen deftige Schlachtefleischstullen, selbst gemachten Glühwein oder leckeren Kuchen.

Es wurde getanzt, gesungen, geneckt und auch Schabernack getrieben. Und so manch einer nutzte auch den Tag zu einer gründlichen Grundstücksinspektion beim Nachbarn.

Zamperer auf dem Klettergerüst des Kindergartens

Fastnachtssuppe

Man könnte sie auch „Sauer-macht-lustig-Suppe" nennen, denn die Zutaten sind Sauerkraut, Gewürzgurken, Weißwein, Hackfleisch, Kartoffeln, Paprika, Zwiebeln und Sahne. Sie ist eine echte Partysuppe und bekommt durch den Weißwein eine feine Note. Alternativ kann man auch Apfelsaft verwenden.

So werden Zwiebeln und Hackfleisch angebraten, dazu Kartoffelstückchen geben und zwei bis drei klein geschnittene Paprikaschoten, mit Wasser oder Brühe auffüllen, salzen und kochen. Erst wenn die Kartoffeln fast gar sind das klein geschnittene Sauerkraut und die Gewürzgurken zugeben, da die Säure das Garwerden verhindert. Dann Sahne und Weißwein zufügen.

Hornoer Hühnersuppe

Sie ist die Königin der Suppen. Es gab kein großes Fest ohne Hühnersuppe. Ab und zu kam sie auch sonntags auf den Tisch oder als Vorsuppe, wenn Frikassee gekocht wurde.

Für die Suppe ein wohlgenährtes Huhn, am besten vom eigenen Hof, küchenfertig machen und mit Wurzelwerk wie Porree, Möhren, Sellerie in kaltem Wasser ansetzen, salzen und kochen. Eine Prise frisch geriebene Muskatnuss oder 1-2 Pimentkörner kräftigen die Suppe.

Huhn und Wurzelwerk herausnehmen und in die sprudelnd kochende Brühe Eier einrühren (Menge nach Bedarf), den Deckel auf den Topf und kurz stehen lassen, damit die Eier stocken und die Suppe klar wird.
Dann das zerkleinerte Huhn und Möhrenwürfelchen zufügen, Petersilie drüberstreuen, fertig.

In den sorbischen Nachbardörfern Heinersbrück und Jänschwalde wurden Sternchennudeln in die Hühnersuppe getan.

Im Frühjahr wurde die Hühnersuppe mit Spargel oder auch mit Morcheln veredelt. Welch Genuss für Augen und Gaumen, wenn die dunklen Pilze in der gelben Suppe schwammen! Sie waren schwer zu finden, und es gab sie nur im zeitigen Frühjahr.

Erst Jahrzehnte später hab ich erfahren, daß wir nicht die Morchel, sondern die als giftig geltende Lorchel gesammelt und gegessen haben.
Nun ja, die Pilze wurden abgekocht, das Kochwasser weggeschüttet und die für Morcheln gehaltenen Pilze in kleine Stücke geschnitten, dadurch wurden sie wahrscheinlich ungefährlich und genießbar. Es ist jedenfalls kein Fall von Vergiftung bekannt geworden.

In der Suppenbar biete ich diese Suppe mit Spargel und Pfifferlingen als Niederlausitzer Festtagssuppe an.

Früchte-Allerlei

Ich war gern in Horno.
So oft ich konnte, drehte ich meine Runden durchs Dorf und beobachtete fasziniert das Wachsen und Reifen an Wegen und in Gärten.

Ich kannte jeden Baum und den speziellen Geschmack seiner Früchte, denn Apfel war nicht gleich Apfel, Birne nicht gleich Birne, Kirsche nicht gleich Kirsche.... Welch Vielfalt in Formen, Farben und Geschmack!

Wenn der betörende Duft der Holunderblüten in der Luft lag, wurden die ersten Kirschen reif, das war Anfang Juni.

Blühende Obstbäume in unserem Garten

Horno war umsäumt von Kirschalleen. Gleich der dorfnächste Baum der Allee, kurz hinter der Gaststätte, hatte als erster rotleuchtende Früchte.
Am 1. Juni wurde in der Gaststätte groß Kindertag gefeiert. Fein herausgeputzt für den Festtag pilgerten wir zum Kirschbaum und schauten sehnsuchtsvoll in die Zweige.
Es ist mir noch heute ein Rätsel, wie wir kleinen Menschlein an die hoch hängenden Kirschen kamen, aber wir kamen. Wer gut klettern konnte, war beim Kirschennaschen klar im Vorteil.

Die ersten Kirschen erfreuen uns besonders, wenn auch nicht mit viel Geschmack, so doch mit dem Gefühl etwas lang Entbehrtes zu bekommen. Dafür gab es mit den späteren Glas-, Herz- oder Vogelkirschen immer wieder eine neue geschmackliche Entdeckung. Eine echte Rarität waren gelbe Knorpelkirschen, süß, fest und aromatisch. Davon gab es nur einen Baum an der Chaussee.

Kirschsuppe

Aus Kirschen lassen sich leckere Fruchtsuppen kochen.
Die Kirschen werden mit Wasser, Zucker, Zimt und einigen Nelken gekocht und mit Sago gebunden. Man kann die Suppe auch mit Puddingpulver oder Stärkemehl binden, dann verliert sie aber ihre Farbe und wird milchig rosa.
Für Kirschsuppe werden hauptsächlich Sauerkirschen verwendet, da diese kräftiger im Geschmack sind und sich relativ einfach entsteinen lassen.

Spillinge

Im Juli gab es die bunten Spillinge, eine heute fast ausgestorbene Pflaumenart. Sie dufteten herrlich nach Sommer und schmeckten köstlich. In der Reifezeit brauchen sie unsere volle Aufmerksamkeit, denn sie sind nicht lagerfähig und müssen sofort verarbeitet werden, meist zu Kompott oder Marmelade, seltener zum Kuchen backen, denn der spitze Kern löst sich schlecht vom Fruchtfleisch. Am besten man vernascht sie gleich an Ort und Stelle.

bunte Spillinge

Kornäpfel

Kurz nach den Spillingen gab es die ersten Äpfel, die Kornäpfel, auch August-, Weizen- oder Kläräpfel genannt, in Horno hießen sie Kornäppel, die früheste und eine sehr schmackhafte Apfelsorte, reif, wenn auch das Korn reif ist. Auf diese Äpfel freue ich mich immer besonders. Ich esse sie noch grün, es ist eben der erste Apfel der Saison.
Aus Kornäpfeln macht man das beste Apfelmus, sagt man, stimmt auch.
Früher hab ich besonders schöne Exemplare wie Schätze aufgehoben und gehütet. Als ich sie dann zum Verzehr freigab, waren sie inzwischen mehlig.

Vor Jahren gab es mal eine richtige Kornäpfel-Schwemme, wie man so schön sagt, und ich grübelte lange, ob da nicht doch was in Sachen Suppe zu machen sei. So entstand eine feine Kaltschale.

Klarapfelsuppe mit Ingwer und blauen Trauben

Ein Teil Äpfel mit Zucker zu Apfelmus verarbeiten, den zweiten Teil schnippeln und mit Ingwer, Zucker und etwa Zimt zu Kompott kochen. Alles zusammentun und mit blauen Trauben hübsche Farbtupfer setzen und kalt oder warm genießen.
Man kann auch alle Äpfel in Stücke schnippeln und die Suppe mit Vanillepudding oder Sago binden.

In Horno gab es sehr viele Apfelbäume und in großer Sortenvielfalt. Schon allein unser Garten war das reinste Apfelparadies. Welch herrlicher Anblick, wenn sie im Frühjahr in Blüte standen und welch Freude im Herbst, wenn Grafensteiner, Goldrenette und Warraschke bunt an den Zweigen hingen oder vom Herbstwind gepflückt den Boden bedeckten.

Nach jedem Wochenende schleppte ich eimerweise Äpfel an. Fallobst zu verarbeiten ist ziemlich mühselig, da viel geschnippelt und ausgeschält werden muß, aber das ist es mir immer wert gewesen.
Die makellosen Äpfel aus der Kaufhalle waren sicher einfacher zu verarbeiten, aber mich haben nur die Hornoer Äpfel inspiriert, nach weiterer Verwendbarkeit in der Suppenküche zu suchen, einfach weil sie da waren. Und ich wurde fündig.

Äpfel wie gesät

Apfel-Gemüse-Suppe

So geben Äpfel einer raffinierten Gemüsesuppe durch ihre natürliche Säure eine pikante Note.
Diese bunte Suppe sieht appetitlich aus und duftet herrlich.

Verschiedenes Gemüse, wie Kohlrabi, Möhren, rote und grüne Paprika und Staudensellerie klein schneiden und kurz anbraten, mit Brühe aufgießen, mit Salz, Pfeffer und etwas Zucker würzen und bissfest kochen. Kurz vor Ende der Garzeit die gewürfelten Äpfel zugeben. Dann etwas Mehl mit Milch anrühren und damit die Suppe leicht binden. Sahne rundet die Suppe ab und lässt sie besonders appetitlich aussehen.

Pflaumen und Birnen

Wenn der Herbst schon etwas fortgeschritten ist, geht auch die Pflaumenernte zu Ende. Es bereitete mir immer ein besonderes Vergnügen, auf meinen Spaziergängen die letzten überreifen, oft schon verschrumpelten und zuckersüßen Pflaumen aufzuspüren.
Auch Pflaumen lassen sich in der Suppenküche verwenden, meist allerdings als Backpflaumen.
Frische Pflaumen geben einer köstlichen Kaltschale Geschmack und Farbe. Zeitgemäß schmeckt besonders das Dreierlei von Pflaumen, Birnen und Äpfeln. Im Winter wird diese Fruchtsuppe mit Holundersaft und Gewürzen zur leckeren und heilsamen Holunder-Obst-Suppe.

Schottische Hühnersuppe

Backpflaumen sind neben Porree Hauptzutat in einer schottischen Hühnersuppe, genannt Cook a Leeki.
Dazu wird ein Suppenhuhn mit Zwiebeln, Salz, Pfefferkörnern, Piment, Lorbeerblatt, Muskatblüte und etwas Thymian gar gekocht. Dann die Brühe abgießen und darin den in Stücke geschnittenen Porree (hauptsächlich den weißen Teil) gar kochen.
Zum Schluß die Backpflaumen und das Hühnerfleisch dazutun und durchziehen lassen. Die Suppe kann mit Graupen gehaltvoller gemacht werden. Gewürzt wird mit weißem Pfeffer.

Im hinteren Teil unseres Gartens stand ein großer alter Birnenbaum. Es waren Graubirnen.
Die relativ kleinen Früchte mit rauer Schale hatten einen ganz besonderen Geschmack, süß und aromatisch, unsere Lieblingsbirne, sehr selten, nirgends zu kaufen.
Später hab ich noch mal einen Graubirnenbaum gefunden, in Lakoma! Welch Freude! Diese währte nur kurz, denn auch er stand einem Tagebau im Wege.

die letzten Äpfel

Der Herbst protzt nur so mit seinen Früchten und Farben. Auf den Feldern reifen Kartoffeln und Rüben, in den Gärten Möhren, Kohl und Kürbisse, in Horno meist der große gelb-orange Bauernkürbis, auch „Gelber Zentner" genannt. Aus ihm wurde hauptsächlich süßsaures Kompott gekocht.

Kürbissuppe war nicht so üblich. Dabei ist der Kürbis als Suppengemüse äußerst vielseitig. Er hat nicht viel Eigengeschmack, nimmt aber Gewürze aller Art ideal auf. So kann man mit Kürbis sehr kreativ sein. Am besten harmoniert er mit Ingwer, Curry und Kokosmilch oder anderen exotischen Gewürzen. Ich habe aber auch den heimischen Estragon als Kürbis/Apfel-Gewürz entdeckt.

Herbstsuppe

Als Basis dieser köstlichen Suppe werden grobe Kürbis- und Möhrenstücke zu gleichen Teilen zu angeschmorten Zwiebeln gegeben, mit Brühe und Apfelsaft aufgegossen und gekocht. Gewürzt wird mit Salz, etwas Curry und Ingwer. Alles pürieren und separat gekochte Kürbis-, Möhren- und Apfelstücke dazutun sowie einige Estragonblätter.
Diese Suppe kann man vielfältig variieren, z. B. auch Kartoffeln zufügen.
Sie heißt Herbstsuppe, weil sie typische Herbstfrüchte in sich vereint.

Lausitzer Möhrentopf

Ein einfacher wie auch guter Eintopf. Dazu Schweinefleisch mit Kartoffelstückchen und Möhrenscheibchen oder -würfeln, Lorbeerblatt, Salz und Pfeffer kochen. Seine Raffinesse gewinnt er aus der Verwendung von viel Dill, welcher überraschend gut zu Möhren passt. Den Tipp hab ich von einer Kundin. Alternativ tut es auch die gute alte Petersilie

Ernten macht glücklich

Kartoffel-Meerrettich-Suppe mit rote Bete

Diese Suppe ist eigentlich die vereinfachte Form vom Spreewälder Bauerntopf, einer aufwendigen Suppe aus Zwiebeln, Kartoffeln, Äpfeln, Meerrettich und Sahne.
Frei nach dem Motto „weniger ist mehr" hab ich diese Suppe abgewandelt und sie wurde ein großer Erfolg.
Generell gilt in der Suppenküche, wenn man Zwiebeln anschwitzt hat man schon mal einen guten Basisgeschmack. Dann noch Kartoffeln dazu, mit Brühe aufgießen und nach Belieben würzen, in diesem Fall mit Meerrettich, Salz, Pfeffer und Sahne.
Die Suppe stampfen oder pürieren und soweit Flüssigkeit zugießen, daß es eine Suppe wird und kein Kartoffelbrei. Extra gekochte Kartoffelwürfel machen sie etwas feiner, aber wieder aufwendiger. Zum Schluß eingelegte rote Bete und grüne Kräuter darüber, sie werden begeistert sein!

Feld hinterm Haus

Möhren-Orangen-Suppe mit Putenbrustfiletstreifen und grünem Pfeffer

Für diese einfache aber feine Suppe Zwiebeln anschmoren, Möhren in groben Stücken dazu, mit Hühnerbrühe auffüllen und mit Salz, wenig Muskat, Cayennepfeffer und Paprika würzen. Die Möhren pürieren und angebratene Putenbrustfiletstreifen (Hähnchenbrustfilet geht auch) dazugeben.

Dazu frisch gepressten Orangensaft und Orangenfilets (man kann auch Dosenfrüchte nehmen, ist aber nicht so fein und kann leicht bitter schmecken). Grüne Pfefferkörner leicht andrücken und mit der Brühe in die Suppe geben.

Altes Haus mit Laubeneingang

Exotischen Kürbis-Kokos-Suppe mit Huhn

Diese Suppe ist das Beste, was wir aus Kürbis machen können. Schalotten anschwitzen, grobe Kürbisstücke dazu und mit Salz, Chili, Zitronengras, Ingwer und Hühnerbrühe kochen und pürieren. Dazu kleingeschnittenes und gebratenes Hähnchenbrustfilet, Kokosmilch, etwas Fischsoße (aus Asia-Läden) und separat gekochte Kürbiswürfel geben

Schmorgurken-Senf-Suppe

Im Spätsommer liegen die großen dicken Schmorgurken auf dem Feld. Sie sind voller Kerne und als Rohkost nicht mehr geeignet. Meist werden sie zu Senfgurken verarbeitet. Aber wenn man die Kerne entfernt und die großen „Gurkenschiffe" z. B. mit Hackfleisch füllt und anschmort, dazu Kartoffeln reicht, erhält man ein sehr leckeres Gericht.

Ich hab dieses Gericht zu einer köstlichen Suppe abgewandelt. Dazu werden Gurken geschält, halbiert, ausgeschabt und in Stückchen geschnitten, bei großer Hitze kurz angeschmort und gesalzen. Dann Hackfleisch anbraten und Kartoffelstückchen kochen. Alles zusammen in einen Topf geben, Wasser oder Brühe auffüllen und mit Senf, Sahne und Dill abschmecken. Sehr viel Schnippelarbeit, aber die fertige Suppe ist sie wert!

Der Nussbaum hat Früchte und Blätter abgelegt, die letzten Äpfel werden ins Haus geholt

Der letzte Gruß des Herbstes waren Walnüsse.
Es gab relativ viele dieser schönen Bäume in Horno. Im unteren Dorfteil, Richtung Kindergarten, gab es sogar einen Baum mit Riesenwalnüssen. Sie waren mindestens doppelt so groß wie herkömmliche Nüsse und sahen irgendwie bedeutend aus, so perfekt in Form und Farbe. Solche hab ich nie wieder gesehen. Sie haben uns Kinder mächtig beeindruckt.
Natürlich wollte ich auch aus Nüssen Suppe machen, als es wieder mal eine besonders reiche Ernte gab. Nach Durchsuchen aller verfügbaren Literatur fand ich eine Blumenkohlsuppe mit Walnüssen.
Wir haben sie probiert und für gut befunden, aber durch Zufügen von Käse und einer feinen Deko wurde sie sehr gut.

Blumenkohl-Käsesuppe mit Walnüssen

Zwiebeln anschwitzen, Blumenkohl dazu, mit Brühe auffüllen, kochen, dann mit Salz, Muskat und frisch gemahlenem Pfeffer würzen. Milch und Walnüsse dazu tun und pürieren, Schmelzkäse glatt rühren und alles zusammen nochmals aufkochen. Über die fertige Suppe braun gebratene Croutons, Walnußstücke und fein gehackte Petersilie geben - ein Augen- und Gaumenschmaus.
Diese Suppe kann auch mit Brokkoli, Mandeln oder Reibekäse variiert werden, wie es jedem beliebt.

Ferien bei Oma

Oma wohnte mit Opa in einem einzeln stehenden Haus, dem ehemaligen Zollhaus, direkt an der Straße zwischen Guben und Forst. Hinter dem Haus verlief die Bahnlinie.
Die Geräusche der vorbeisausenden Dampfloks, Triebwagen und Güterzüge, Lkws, Trabbis und Traktoren waren allgegenwärtig.

Wir waren so oft wie möglich da, denn Oma war grandios, etwas verrückt, das Richtige für Kinder. Mit ihr konnte man Abenteuer erleben.

Bei Oma gab es immer etwas Leckeres zu essen, obwohl sie keine große Köchin war. Aber wir Kinder freuten uns über Brot- und Mehlsuppe, Grüne Bohnen-Eintopf, riesige Hefeklöße und wunderbaren Tee, den sie noch aus selbst gesammelten Linden- und Kamillenblüten oder Pfefferminze machte.

Im Sommer gingen wir in die Blaubeeren. Oma wußte immer die besten Stellen und sammelte fleißig in die alte Milchkanne. Wir versuchten auch unsere kleinen Töpfchen voll zu kriegen, aber wir naschten doch mehr. Denn Oma hatte Butterstullen und Kekse mit, dazu die frischen Beeren, herrlich!

Zeitweise betreute sie bis zu 7 Enkel, unsere Radeberger Cousinen und Cousins waren auch oft da.
Wir vertrugen uns nicht besonders gut, so war immer etwas los. Aber Oma konnte auch streng sein und hielt den Kinderhaufen in Schach.

Im Sommer fuhr sie mit uns nach Forst ins Schwimmbad oder an die Teiche zum baden. Alle Kindlein wie an der Schnur aufgefädelt auf unseren kleinen Fahrrädern.

Als wir ganz klein waren setzte sie uns in den Fahrradanhänger. Da kam ein Aufsatz drauf und wir schauten nur noch mit den Köpfchen raus. Wenn wir durchs Dorf fuhren sollten wir uns abducken, denn die Leute riefen Oma zu „Na Alice, wie viele hast du heute wieder drin?" Einmal kippte der Anhänger in einer engen Kurve um und wir purzelten alle raus.

Bei Oma waren wir immer beschäftigt. Wir fingen Fliegen mit Gläsern an den sonnigen Stallwänden, spielten Karten, zählten die Waggons der vorbeirauschenden Güterzüge, bastelten ganze Bauernhöfe mit Knete und schabten die herrlich duftenden Äpfel mit Kronenverschlüssen zu Apfelbrei und genossen das selbst gemachte „Apfelmus".

Wir verkleideten uns aus dem unerschöpflichen Fundus aus den Dachkammern und alten Schränken, gingen so auf Wanderschaft oder winkten den Fahrzeugen zu, die vorbeifuhren. Im Hof übte ich tagelang Handstand am Sandhaufen, danach konnte ich ihn jahrelang.

In den vielen Zimmern fand man immer einen Schlafplatz, meist kamen wir alle im großen Wohn-Schlafzimmer unter. Von den Zimmerdecken hingen braune klebrige Fliegenfänger, an denen nicht nur Fliegen, sondern auch immer wieder wir mit unseren Haaren kleben blieben. Oma jagte jede Mücke und Fliege, egal wo sie gerade saßen, an der Wand, auf dem Tisch, in der Gardine, alles wurde gnadenlos weggeklatscht. Das hinterließ natürlich unschöne Spuren, aber das war Oma egal.

Omas Brotsuppe

Wenn man heutzutage Kochbucher durchblättert, findet man viele Varianten von Brotsuppe. Uns hat bis heute Omas einfache Suppe am besten geschmeckt. Dazu wird Wasser aufgekocht, gewürfeltes Schwarzbrot zugetan und mit Salz, Zucker und einer Prise Pfeffer kräftig abgeschmeckt. Und dann noch ein großer Schuß Leinöl hinein!

Vom Schlafsofa aus beobachtete ich gern Opas morgendliche Aufstehzeremonie.
Er mußte früh raus, mit dem Rad nach Forst und dann weiter mit dem Zug nach Cottbus.

kleine freche lustige Oma

großer ernster Opa

Es schien mir eine Ewigkeit, wie er sich das grau-weiße Haar kämmte, sorgfältig scheitelte und wieder von vorn anfing. Er war groß, schön und streng (im Anzug sah er ein bisschen aus wie Johannes Heesters).

Wenn er abends heimkam von seiner Arbeit als Steinsetzer, wurde erst mal Essen für ihn aufgetischt, wie uns Kindern erschien, in Riesenmengen, danach lief Sport im Fernsehen. Alles hatte seine Ordnung. Im Sommer widmete er sich der Gartenarbeit, veredelte Birnen und pflegte die Spargel- und Gemüsebeete.

In Sachen Essen war er genügsam, futterte kommentarlos Omas Kochexperimente in sich rein.
Einmal war ich dabei, wie sie ein Schälchen übrig gebliebenes Kompott in den Braten schüttete. Ich war entsetzt, aber es schmeckte gar nicht schlecht.
Oma nannte das neue Gericht Schlesisches Himmelreich. Eine ziemlich freie Interpretation dieses berühmten Rezeptes, wie ich später herausfand.

Schlesisches Himmelreich

Die Rezeptur von Frau Kleinert aus Saspow kommt dem Original am nächsten, wie meine Recherchen ergaben.

Aus Kasseler, Kartoffelwürfeln, Trockenobst (Pflaumen, Äpfel, Birnen, Aprikosen), kleinen Kartoffelklößchen und roten oder weißen Bohnen wird ein deftiger Eintopf. Frau Kleinert schwört auf rote Bohnen. Sie werden gewaschen zur Suppe getan.
Das Trockenobst wird extra gekocht und zur Suppe getan und nur etwas Kochwasser zum eventuellen Nachwürzen zurückbehalten.

Diese Suppe liebt man oder man mag sie gar nicht. Ich mag sie. Sie schmeckt so nach früher.

Wir hatten eine tolle Oma. Auch später als Jugendliche konnten wir immer zu ihr kommen, egal was passiert war, der wievielte neue Freund vorgestellt wurde oder wie viele Leute man mitbrachte, allen tischte sie ihren wunderbaren Kaffee auf, immer mit viel Sahne, ob man wollte oder nicht.

Wenn wir mit dem Bus am Zollhaus vorbeifuhren, verrenkten wir uns den Hals, um irgendwo einen Schürzenzipfel von Oma zu erspähen, und auch Oma schaute jedem Bus oder Zug hinterher und winkte meist schon prophylaktisch, da könnte ja einer ihrer Enkel drin sitzen. Manchmal hatte sie dabei noch die Sichel in der Hand, weil sie gerade Gras für die Kaninchen schnitt.

Alle Wege fuhr Oma mit dem Fahrrad. Sie schaffte den Hornoer Berg noch bis ins hohe Alter, da mußten wir schon manchmal eher absteigen.

Sie hatte eben Courage. Vielleicht steckte aber auch etwas in den Genen, denn ihr Bruder war Georg Pawlack, der Anfang der dreißiger Jahre sehr erfolgreich Steherrennen fuhr.
1933 verunglückte er tödlich auf der Rennbahn. Von ihm existiert noch eine Gedenktafel in der Radrennbahn Forst.

Sein Grab auf dem Friedhof in Bohrau war besonders schön, mit Rhododendrenbüschen umwachsen und einem ovalen Foto auf dem Grabstein, wie er blumenwinkend auf dem Rennrad fährt.
Wir pflegten es, bis es von der Friedhofsverwaltung aufgelöst wurde. Nur der Grabstein durfte ausnahmsweise stehen bleiben. So pilgerten wir weiter dorthin um das Bild zu bewundern. Aber eines Tages war es herausgebrochen und entwendet worden. Welch Gemeinheit!
Wenn keine Ferien waren, saßen wir oft zu Hause am Fenster und schauten voller Sehnsucht auf die Straße, in der Hoffnung, daß Oma uns besucht. Und als hätte unser inständiger Wunsch sie herbeigebracht, tauchte weit hinten auf der Chaussee ein Fahrrad auf - es war Oma!

Grüne Bohnen Eintopf

Wie bereits gesagt, meine Mutter war eine sehr gute Köchin, aber die grünen Bohnen meiner Oma schmeckten mir immer irgendwie besser. Sie waren jahrelang mein Lieblingsessen. Erst Ende zwanzig kam ich eher zufällig auf das Geheimnis von Omas Suppe.

Irgendwann kochte ich wieder mal meine Grünen Bohnen. Auf dem Herd stand ein Tiegel mit Resten von ausgelassenem Speck, der irgendwie weg mußte. So hab ich den Specksud erwärmt, Mehl eingestreut, mit Wasser abgelöscht, also eine klassische Mehlschwitze hergestellt und in meinen Eintopf getan.
Dann hatte ich ihn endlich, den Geschmack von Omas Grünen Bohnen!

Hirsekrautsuppe

Diesen deftigen Eintopf gab es oft bei Oma. Er bestand aus Hirse, Weißkohl und einem dicken Stück Speck mit Schwarte, man kann aber auch anderes fettes Rauchfleisch verwenden. Alles wird zusammen mit Lorbeerblatt und Gewürzkörnen gekocht.

Zur Kartoffelernte war Hirsekraut früher sehr beliebt als Feldsuppe für die Bauern, denn es kühlte nur sehr langsam ab und gab eine deftige warme Mahlzeit. Dazu gab es Pflaumenkompott.

Die Leute sagten, mit Hirsekraut kannste bis Berlin laufen. In meiner Suppenbar-Anfangszeit hab ich diesen Warmhalteeffekt schmerzlich erlebt. Da Hirsekrautsuppe am nächsten Tag noch besser schmeckt, kochte ich einen großen Topf vor und stellte ihn zum Abkühlen in den Flur. Völlig entsetzt mußte ich am nächsten morgen feststellen, daß der ganze Topf gärte, die Hitze konnte nicht entweichen.

Hirsekraut wird auch im Spreewald gegessen, dort aber mehr als dicker Brei, dazu gibt es Kürbiskompott.

Neue Suppengeschichten

Sauerampfersuppe mit Räucherlachs

Es hat mich lange gereizt, aus Sauerampfer etwas zu machen. Mit der Sauerampfersuppe mit Räucherlachs ist mir das gut gelungen.
Manchmal entstehen neue Suppenkreationen aus dem Bedürfnis nach Farbharmonie. Das Orange-Rot des Räucherlachses leuchtet im Dunkelgrün der Sauerampfersuppe und macht sie appetitlicher, und auch geschmacklich ist Fisch eine Bereicherung.

Ende April, Anfang Mai erreichen die Sauerampferblätter eine Größe, wo sich das mühselige Pflücken einigermaßen lohnt. Aber wie gesagt, mir macht das sehr viel Spaß. Für die Suppenbar hab ich die sauren Blätter auf saftigen Wiesen und an Feldrainen gesammelt, fernab von Autoabgasen und Hundeschnüffelnasen.

Da kommt es schon mal vor, daß ich morgens die Köchin anrufe und sage „Ich hab Sauerampfer gefunden! Schmor schon mal Zwiebeln an, tu Kartoffeln dazu und laß alles durchkochen. Fange erst mal an, alles weitere später." So wurde und wird so manche Suppe am Telefon kreiert.

Das Handwerk meiner Köchinnen und meine Ideen sind eine gute Symbiose eingegangen.

Am Bahnsteig steht ein Sauerampfer,

sieht täglich Züge, niemals Dampfer,

armer kleiner Sauerampfer!

(in Erinnerung an Andreas Suckow)

Für die Sauerampfersuppe Schalotten und möglichst auch Knoblauch in Butter anschmoren, mehlig kochende Kartoffeln und Salz dazu und mit Brühe (am besten schmeckt sie mit Hühnerbrühe) auffüllen, kochen, Sauerampfer klein geschnitten zufügen und alles pürieren.
Mit Salz und Pfeffer abschmecken und süße Sahne zufügen. Je mehr Sauerampfer sie haben, desto grüner und saurer wird die Suppe. Dann bitte mehr Sahne nehmen um die Säure zu neutralisieren.
Diese Suppe kann auch mit anderen Kräutern, wie z. B. Brunnenkresse, oder Bärlauch, hergestellt und mit verschiedenen Einlagen ergänzt werden. Besonders edel ist aber die Variante mit dem Räucherlachs.

Energiesuppe Rot-Weiß

Kurz nachdem die Suppenbar gegründet wurde, war unsere hiesige Fußballmannschaft Energie Cottbus in die 1. Bundesliga aufgestiegen. Da meine Schwester und ich selbst begeisterte Fußballerinnen und mächtig stolz auf unsere Mannschaft waren, haben wir uns diese Energiesuppe ausgedacht.

Für die Farben Rot-Weiß des Clubs stehen rote Tomaten und weiße Nudeln, Schnittlauch für den Rasen und Hackbällchen für den Ball. Gewürzt wird mit mediterranen Kräutern und Knoblauch, da besonders viele osteuropäische Spieler in der Mannschaft waren.

Diese gehaltvolle Suppe ist auch für Fußballuninteressierte bestens zu empfehlen, denn sie gibt Energie und gute Laune.

Zucchini-Käse-Suppe mit Rosmarin

Eigentlich kennen wir sie aus dem Italien-Urlaub, jetzt hat sie unsere heimischen Gärten erobert - die Zucchini. Auf dem Bauernmarkt findet man sie jetzt im Sommer an fast jedem Stand.
Unter den großen Blättern nicht immer gleich gesehen, wachsen sie schnell zu stattlichen Exemplaren. Dann stellt sich die Frage, wohin mit den Riesendingern?
Bei mir kommen sie in den Suppentopf, kochen, pürieren, würzen, fertig. Zucchini kann man wie Kürbis verarbeiten und ebenso vielseitig würzen.

Für die Zucchini-Käse-Suppe Zwiebeln anschwitzen, große Zucchini in grobe Stücke geschnitten (Kerne entfernen) dazutun, Brühe aufgießen und mit Salz und etwas Rosmarin kochen. Schmelzkäse mit etwas Sahne oder Milch glatt rühren und zur Suppe tun. Während sie nochmals durchkocht kleine Zucchinistücke in wenig Olivenöl anbraten und ebenfalls zur Suppe tun. Sie haben einen leicht pilzigen Geschmack, weshalb auch Pilze gut als Einlage harmonieren. In der Suppenbar bieten wir die Suppe auch mit Hackfleisch an, dann schmeckt sie noch besser.

Einladung

Wenn ich auch bei Ihnen den Suppenappetit geweckt habe, besuchen Sie doch einfach meine Suppenbar in Cottbus und probieren Sie selbst.
Über 200 verschiedene Suppen haben wir in den vergangenen zehn Jahren schon gekocht. Einige hab ich Ihnen ja schon vorgestellt.

Sie finden uns im Zentrum von Cottbus, zwischen Altmarkt und Oberkirche.

Philosophisches

Die Zubereitung von Mahlzeiten
ist die höchste menschliche Kunst.
Sie entscheidet über
Glück und Unglück,
Gesundheit und Krankheit,
Klugheit und Unwissenheit,
Reichtum und Armut,
Genie und Dummheit
und sogar
über eine höhere oder niedere
Ebene der Menschlichkeit
und der Spiritualität

(in einer Klosterküche im Harz entdeckt)

Man ist wie man ist,
weil man isst, was man isst!